Expresskochen vegetarisch

AUTORIN: MARTINA KITTLER | FOTOS: JÖRN RYNIO

Praxistipps

Extra

Rezepte

In aller Schnelle vegetarisch

Mit Blitzrezepten ist man so schnell in der Küche fertig, dass man mehr Zeit zum Genießen hat. Sie brauchen nur die folgenden Rezepte und das richtige Zeitmanagement.

Maximal 30 Minuten und alles ist zubereitet: egal ob mit viel Würze im Wok, knackig-buntes Gemüse in der Pfanne oder ein Teller Pilze mit aromatischen Kräutern. Appetitlicher kann man Vegetarisches nicht auftragen. Sie finden hier über 50 flotte Rezepte, die sowohl alltagstauglich sind als auch Gäste beeindrucken werden. Aber auch Blitzrezepte brauchen einen gewissen Vorlauf. Denn schnelle Küche heißt nicht: Dose auf, Bohnen in den Topf, sondern richtig kochen. Und dazu gehören eine kluge Planung, die Auswahl der Zutaten, das Know-how bei der Zubereitung, das praktische Zubehör und die passende Garmethode. Wer diese Dinge beim Kochen berücksichtigt, wird beim Essen belohnt – und das ist keine Frage der Zeit.

Den Einkauf organisieren

Machen Sie sich einen Einkaufszettel, auf dem Sie gleich alles in der Reihenfolge auflisten, wie Sie es in Ihrem Supermarkt vorfinden. So vermeiden Sie lästiges Kreuz-und-quer-Laufen. Kaufen Sie als Erstes die wichtigsten Zutaten ein, das Gemüse, die Pilze, den Tofu, die das Rezept ausmachen. Sollte eine spezielle Käsesorte gerade nicht „nach Wunsch" zu haben sein: flexibel bleiben. Feta statt Halloumi oder Kräuterseitlinge statt Shiitakepilze tun es auch. Auch nach Ökoprodukten muss man heute nicht mehr lange suchen. Fast alle Supermärkte haben ein eigenes Biosortiment oder Produkte von Bioherstellern: Obst, Gemüse, Joghurt, Käse, Schnellkochhirse und Tomatensauce, aber auch vorgegarte Produkte wie Nudeln, Gnocchi und Spätzle im Kühlregal, dazu Pesto, Tofu in vielen Variationen – alles für den rasanten Veggie-Genuss.

Das Kochen gut planen

Während das Wasser für die Nudeln erhitzt wird, bereitet man die Sauce zu – Zwiebeln, Kräuter, Gemüse putzen, hacken, bereitstellen. Brühe abmessen, Tomatendose öffnen. Die Nudeln kochen, nun ist genügend Zeit, das Gemüse anzubraten und die Sauce fertigzustellen. Oft lassen sich Zutaten durch Produkte ersetzen, die weniger Arbeit machen. Übrigens: Alles geht flott von der Hand, wenn es vor Kochbeginn an seinem Platz steht und Sie nicht nach einer Dose Mais stöbern müssen, während die Zwiebel in der Pfanne brutzelt.

Moderne Küchengeräte helfen

Mixen, hobeln, pürieren – ein Handrührgerät mit Schneebesen und Knethaken ausgerüstet hilft ebenso zeitraubende Arbeiten zu erledigen wie ein Pürierstab oder elektrischer Zerkleinerer, um Obst und Gemüse zu pürieren, Saucen aufzuschlagen oder Kräuter und Nüsse zu zerkleinern. Jedes einzelne Gerät bringt Ihnen zwar nur Minuten, aber die Summe macht's. Auch ein Wasserkocher spart Zeit: Darin wird das Wasser schneller erhitzt als im Topf auf dem Herd. Und die Vorzüge eines Schnellkochtopfs liegen in bis zu zwei Drittel Zeitersparnis bei der Zubereitung. Ein weiteres Plus: Es bleiben mehr Vitalstoffe erhalten.

Die machen alles kurz und klein

Wenn es beim Vorbereiten fix gehen soll, sind Schneidespezialisten eine gute Hilfe: Schnippeln, Hacken, Raspeln, Reiben, alles wird im Schnellgang erledigt.

1 Gemüsehobel Auch große Mengen von Gemüse oder Obst zerkleinert das kompakte Küchengerät ratsch, ratsch und dank des v-förmigen Messers ohne großen Kraftaufwand. Die Klingen lassen sich austauschen, die Schnittstärke variieren. Hauchzarte Scheiben, feine Stifte, Pommes frites oder Würfel – der Profihobel sorgt für schnittige Abwechslung. Der Restehalter schützt die Hand.

2 Knoblauchschneider Damit wird Knoblauch nicht zerquetscht, sondern in Stifte oder Würfel geschnitten. Lässt sich leicht reinigen.

3 Gewürzreibe Die Küchenreibe aus Edelstahl sieht wie eine Feile aus der Holzverarbeitung aus. Mit ihren winzigen Schneidezähnen lassen sich Parmesan und andere Hartkäse in hauchzarte Löckchen reiben, ebenso Schokolade, die Schale von Zitrusfrüchten, Ingwer, Muskatnuss, Zimt. Der weiche Griff liegt gut in der Hand. Eine Schutzhülle sorgt für sichere Aufbewahrung.

4 Zwiebel- und Gemüsehacker Gemüse, Wal- und Haselnüsse, Mandeln, Zwiebeln – mit dem mechanischen Hacker lassen sich die Zutaten durch Schlagen mit der Hand auf den ergonomisch geformten Druckknopf fein hacken. Die scharfen Messer mit automatischer Rotation arbeiten sehr effektiv.

Scheibenschneider Mit den Edelstahl-Schneideklingen lassen sich harte Gemüse wie Kohlrabi, rohe Kartoffeln, Äpfel, Möhren oder Sellerie mühelos in 5 mm feine Scheiben schneiden. Durch die treppenförmig angeordneten Klingen mit Wellenschliff eignet sich ein „Slicer“ auch für den perfekten Schnitt von Weichem wie Tomaten, Pilzen, Mozzarella, Eiern, Kiwis und Erdbeeren, ohne die Zutaten zu quetschen. So geht's: Aufklappen, Zutaten rein, mit Schwung zuklappen – Scheiben!

Geniale Produkte für die Veggie-Blitzküche

Wenn's mal schnell gehen soll, sind vorgefertigte Produkte eine echte Hilfe. Sie erlauben es, mit wenigen Handgriffen die herrlichsten Eigenkreationen aufzutischen.

1 Kartoffelprodukte Gnocchi und Schupfnudeln aus dem Kühlregal sind mit 2 Minuten Garzeit echte Zeitsparvolltreffer ebenso wie Backkartoffeln, Reibekuchen und Knödelteig im Folienbeutel. Tiefgekühlte Puffer, Rösti und Bratkartoffeln kommen gefroren in Ofen, Fritteuse oder Mikrowelle. Der absolute Renner ist Kartoffelpüree aus der Tüte.

2 Reis Durch eine Spezialbehandlung ist Schnellkochreis schon in 5–10 Minuten servierfertig. Inzwischen gibt es fast alle Reissorten als flinke Variante oder im Kochbeutel – vom Naturreis bis zum Milchreis. Ganz Eilige greifen zu Expressreis.

3 Nudeln Spaghetti, Spätzle, Tortelloni mit Spinat oder Ravioli – das Kühlregal bietet jede Menge Abwechslung an Frischpasta, auch als Vollkorn- oder Bio-Pasta. Ihr Plus: Sie sind im Nu gar. Asiatische Glas-, Reis- oder Weizennudeln sind ebenfalls flott: je nach Sorte einweichen und 3–5 Minuten kochen.

4 Getreide Schnellkochhirse, Amaranth und Quinoa kochen 5–15 Minuten und müssen nur noch ausquellen. Diese Kurzgarer, aber auch Grünkernschrot, Polenta, Grieß und Bulgur eignen sich für Beilagen, Gemüsepfannen, Salate, Bratlinge oder Suppen. Couscous kommt sogar ohne Kochen aus: einfach in Wasser oder Brühe quellen lassen. Zartweizen ist in 10 Minuten gar.

5 Hülsenfrüchte Bohnen, Linsen und Kichererbsen aus der Dose können sofort in schmackhafte Gerichte verwandelt werden. Abgießen, kalt abbrausen, abtropfen lassen und erwärmen. Auch rote, gelbe sowie Puy-Linsen sind mit 10–20 Minuten Garzeit für die schnelle Küche geeignet.

6 Gemüse und Salat TK-Gemüse ist zubereitungsfertig und meist erübrigt sich sogar das Auftauen. Blattspinat, Brokkoli, grüne Bohnen und Erbsen sollten Sie ebenso vorrätig haben wie Suppen- und Asia-Gemüse. Praktisch: vorgegarte und vakuumverpackte Rote Bete, Maiskolben, Maronen. Ein fertiger Salatmix im Folienbeutel hält sich gekühlt 3–7 Tage. Ein Muss für den Vorrat: Paprika und Gurken im Glas, Tomaten aus der Dose oder im Tetrapak.

7 Früchte Tiefgekühlte Beeren oder Sauerkirschen sind eine saisonunabhängige Blitzvariante zu frischem Obst. Obstkonserven, vor allem Aprikosen, Pfirsiche, Ananas, Mandarinen und Apfelmus, machen den Vorrat komplett.

8 Käse und Tofu Mit geriebenem Käse wie Emmentaler, Gouda und Parmesan aus dem Kühlregal lassen sich Gerichte schnell abrunden. Auch Halloumi, Feta, Mozzarella und Tofu passen prima in die Blitzküche.

9 Fertigteige für Pizza, Mürbe-, Hefe-, Strudel- oder Blätterteig aus dem Kühlregal schmecken (fast) wie selbst gemacht. Einfach ausrollen, belegen und ab in den Ofen. Auch super aus der Tiefkühltruhe: Teig, Brot, Brötchen, Tortillas und Wraps zum Aufbacken.

1
CLASSIC
400 g
2
Basmati-Reis
EXPRESS
einfach lecker
Langkorn
Der vielseitige Reis-Klassiker
Reich an Ballaststoffen
250 g
NATUR REIS
3
4
fein
Bio Amaranth
500 g
bio
5
6
7
Beeren-mischung
Apfelmus
8
9
mit feinem Olivenöl

Die besten Würzen aus dem Vorrat

Legen Sie sich einen Vorrat an Kräutern, Fonds, Gewürzen und Pasten an, mit dem Sie aus dem Stand Raffiniertes und Schmackhaftes zaubern können.

1 Kräuter Für Eilige im Angebot: tiefgefrorene Kräuter wie Basilikum, Dill, Petersilie und italienische und provenzalische Mischungen. Sie würzen fast so intensiv wie frische. Geputzt, gehackt und streufertig kann man sie gleich ohne Auftauen verwenden. Auch in Kräuterpasten, also in Öl konservierten Kräutern wie Majoran und Thymian, meist in Gläschen, steckt viel Aroma. Die Pasten mit Öl bedeckt im Kühlschrank aufbewahren. Getrocknete Kräuter wie Rosmarin und Oregano sind im Gewürzbord unentbehrlich.

2 Pestos & Pasten Nichts geht über ein selbst gemachtes Pesto. Doch wenn die Zeit knapp ist, darf die Basilikumpaste auch mal fertig aus dem Supermarkt oder Bioladen kommen. Dort findet man verschiedene Pestovarianten im Regal, ab und zu auch in der Frischetheke: Walnuss-, Kürbiskern-, Bärlauch-, Tomatenpesto. Oft werden noch vegane Varianten ohne Käse angeboten. Salsa verde, eine Kräutersauce, Tapenade, eine Paste aus Oliven, und Ajvar, eine scharfe Paprikapaste, stehen bei Schnellgenießern ebenfalls hoch im Kurs.

3 Gemüsebrühe & -fond Für eine gehaltvolle Brühe muss man heute nicht mehr lange hinter dem Herd stehen. Es bieten sich Bio-Instantprodukte wie körnige Gemüsebrühe an, die es auch in Würfel- oder Pastenform gibt, und flüssiger Gemüsefond in Gläsern.

4 Nüsse & Kerne Gerieben, gehackt oder gehobelt sind Mandeln und Haselnüsse flotte Helfer für das vegetarische Leben. Mindesthaltbarkeitsdatum beachten und angebrochene Tüten bald aufbrauchen! Mus aus zerkleinerten Nüssen und Kernen wie Hasel-, Erdnüssen, Mandeln, Cashewnuss- oder Sonnenblumenkernen schmeckt als Brotaufstrich, in Saucen, Desserts, Drinks und Dips. Wenn sich beim Nussmus Öl absetzt: einfach umrühren. Ein Powermix für viele Gelegenheiten: Kernemischung, z. B. mit Sonnenblumen-, Kürbis- und Pinienkernen.

5 Gewürzmischungen sind praktisch, weil man nur einmal ins Gewürzbord greifen muss, um Speisen eine exotische Note zu verleihen. Allerdings sollte man die Mischungen innerhalb von 4–6 Monaten aufbrauchen, da sich ihr Aroma rasch verliert. In einem indischen Currypulver sind bis zu 16 Gewürze enthalten – von Chili über Ingwer bis zu Zimt. Chilipulver, ein aromatischer Mix aus der Texmex-Küche enthält außer Cayennepfeffer meist noch Kreuzkümmel, Knoblauch und Oregano und würzt eher mild- als chilischarf. Pul biber heißt eine Mischung aus getrockneten, geschroteten Chilischoten mit Paprika aus dem türkischen Laden – es sorgt für den Schärfekick.

6 Sojasauce Im Reformhaus und Bioladen gibt es zwei Originale mit großem Unterschied in Aroma und Würzkraft. Shoyu wird aus einer Mischung von Weizen und Sojabohnen gebraut, ist weniger salzig und von mildem Geschmack. Tamari, ausschließlich aus Sojabohnen hergestellt, ist dunkler, vollwürzig und geradezu dickflüssig.

1

2

3

4

5

6

Salate, Suppen & Snacks

Fröhliche Bistro-Stimmung für zu Hause: marinierter Käse, Röstbrote, Salate, würzige Süppchen. Die kleinen Genüsse sind fix zubereitet und genau das Richtige für alle, die beste Zutaten auf einfache Art kombinieren wollen. Meine Empfehlung: frische Feigen mit Ziegenkäse. Dazu ein guter Wein und knuspriges Baguette – was will man mehr?

Feigen mit Ziegenkäse

6 Zweige Thymian
2 EL flüssiger Honig
8 frische Feigen
150 g junger Ziegenkäse (z. B. Picandou)
Salz | schwarzer Pfeffer aus der Mühle

Für 4 Personen | 20 Min. Zubereitung
Pro Portion ca. 175 kcal, 7 g EW, 9 g F, 17 g KH

1 Den Thymian abbrausen und trocken schütteln. Von 4 Zweigen die Blättchen abzupfen und beiseitelegen. Die übrigen Thymianzweige mit dem Honig und 5 EL Wasser aufkochen, bei mittlerer Hitze 4–5 Min. sirupartig einkochen lassen. Vom Herd ziehen und etwas abkühlen lassen.

2 Inzwischen die Feigen waschen und trocken tupfen, die runde Seite jeweils flach schneiden. Die Feigen um den Stielansatz herum im Zickzack einschneiden. Auf eine Platte oder einen Teller setzen und die Feigen zum Füllen vorsichtig auseinanderdrücken.

3 Den Ziegenkäse zerbröseln und in die Mitte der Feigen verteilen. Den Thymiansirup darüberträufeln. Mit etwas Salz würzen und mit dem schwarzen Pfeffer übermahlen. Den beiseitegelegten Thymian darüberstreuen. Dazu passt knuspriges Baguette.

EINKAUFS-TIPP

Feigen gibt es in Grün, Hellgelb und Rot bis Violett. Den Reifegrad erkennt man, wenn man leicht mit Daumen und Zeigefinger auf beide Seiten der Frucht drückt. Eine weiche Feige ist reif und sollte sofort gegessen werden. Im Gemüsefach des Kühlschranks hält sie ca. 3 Tage.

VARIANTE

Probieren Sie den Snack im Hochsommer mit frischen Aprikosen – ein echter Bistro-Hit!

super Vitaminmix | frisch und würzig

Schafskäse mit Salat

1 Bund Radieschen
1 Bio-Minigurke (ca. 200 g)
2 EL Weißweinessig
Salz | Pfeffer
10 EL Olivenöl
150 g fertige Salatmischung (Kühltheke)
2 EL Salat-Kerne-Mix (Fertigprodukt)
2 Scheiben Schafskäse (Feta; à 150 g)
3 EL Mehl | 1 Ei
50 g Semmelbrösel

Für 4 Personen | 25 Min. Zubereitung
Pro Portion ca. 520 kcal, 20 g EW, 41 g F, 8 g KH

1 Radieschen und Gurke waschen, putzen und in dünne Scheiben schneiden. Essig, Salz und Pfeffer verquirlen, 4 EL Öl unterschlagen. Das Dressing mit Radieschen, Gurke, Salat und Kernemix vermengen.

2 Jede Käsescheibe einmal längs und quer halbieren, dann die Stücke diagonal halbieren, sodass Dreiecke entstehen. Mehl, verquirltes Ei und Semmelbrösel jeweils auf einen Teller geben. Den Schafskäse zuerst in Mehl, dann in Ei und zum Schluss in den Semmelbröseln wenden.

3 Das übrige Öl in einer großen beschichteten Pfanne erhitzen. Die Käseecken darin bei mittlerer Hitze auf jeder Seite 2 Min. goldgelb anbraten. Auf Küchenpapier kurz abtropfen lassen. Mit dem Salat auf Tellern anrichten.

WÜRZ-TIPP

Manche mögen's scharf: Für die Panade ½ TL Chiliflocken unter die Semmelbrösel mischen.

gelingt leicht | toll für Gäste

Avocado-Birnen-Salat

1 EL gehackte Walnüsse
3 EL Weißweinessig
1 EL Aceto balsamico bianco
Salz | Pfeffer
2 EL Olivenöl
2 EL Walnussöl
100 g Pecorino oder Parmesan
2 reife Avocados
2 reife Birnen
8 in Öl eingelegte getrocknete Tomaten
50 g Rucola

Für 4 Personen | 20 Min. Zubereitung
Pro Portion ca. 505 kcal, 8 g EW, 48 g F, 7 g KH

1 Die Nüsse in einer Pfanne ohne Fett anrösten. Vom Herd nehmen. Weißwein- und Balsamessig, Salz, Pfeffer, 4 EL Wasser und beide Öle zu einer Vinaigrette verrühren.

2 Pecorino oder Parmesan in dünne Scheiben schneiden oder hobeln. Die Avocados halbieren, Stein entfernen, die Schale abziehen und das Fruchtfleisch in ca. 5 mm dicke Spalten schneiden. Birnen waschen, vierteln, entkernen und ebenfalls in Spalten schneiden. Abgetropfte Tomaten in feine Streifen schneiden. Rucola waschen, trocken schütteln, grobe Stiele entfernen.

3 Avocado- und Birnenspalten fächerförmig auf Tellern anrichten. Getrocknete Tomaten und Rucola darauf verteilen, mit der Vinaigrette beträufeln. Mit Käse und Walnüssen bestreuen. Dazu schmeckt Walnuss- oder Roggenbrot.

oben: Schafskäse mit Salat | unten: Avocado-Birnen-Salat

Klassiker mal neu | orientalisch

Petersilien-Quinoa-Salat

Die Powerkörner aus den Anden sind eine wertvolle Alternative zu Couscous. Zitrone und Chiliflocken sorgen für das typische Orient-Aroma.

500 ml Gemüsebrühe
175 g Quinoa
1 Bund Petersilie
3 Frühlingszwiebeln
250 g Kirschtomaten
200 g Sahnejoghurt | Salz
6 EL kohlensäurehaltiges Mineralwasser
1 TL Pul biber (siehe Seite 8)
4 EL frisch gepresster Zitronensaft
4–5 EL Olivenöl | Pfeffer

Für 4 Personen | 25 Min. Zubereitung
Pro Portion ca. 340 kcal, 8 g EW, 18 g F, 36 g KH

1 Die Brühe aufkochen. Quinoa heiß abspülen, einstreuen und zugedeckt bei schwacher Hitze 15 Min. quellen, dann etwas abkühlen lassen.

2 Inzwischen die Petersilie waschen, trocken schütteln, von den Stielen zupfen und fein schneiden. Die Frühlingszwiebeln waschen, putzen, das Weiße und Hellgrüne in feine Ringe schneiden. Kirschtomaten waschen und vierteln. Den Joghurt mit Salz würzen, anschließend Mineralwasser und Pul biber untermischen.

3 Alle vorbereiteten Zutaten, bis auf den Joghurt, zum Quinoa geben. Mit Zitronensaft und Olivenöl mischen, salzen und pfeffern. Den Joghurt zum Quinoasalat servieren. Dazu passt Fladenbrot.

AUSTAUSCH-TIPP

Falls Sie keinen Pul biber bekommen, können Sie stattdessen getrocknete rote Chilischoten im Mörser zerstoßen und verwenden.

VARIANTE – BULGUR-TRAUBEN-SALAT

Für 4 Personen 350 ml Gemüsebrühe aufkochen, 175 g Bulgur einstreuen und zugedeckt bei kleiner Hitze 10 Min. quellen lassen. Inzwischen 2 EL Mandelblättchen in einer Pfanne ohne Fett goldbraun rösten. Abkühlen lassen. 1 rote Zwiebel schälen, halbieren und in feine Streifen schneiden. Je 125 g kernlose grüne und blaue Weintrauben waschen und halbieren. Für das Dressing 2 EL Apfelessig, Salz, Pfeffer, 1 TL flüssigen Honig und 4 EL Olivenöl verrühren. Das Dressing mit dem Bulgur mischen. Trauben, Zwiebel und Mandeln unterheben. Den Salat nach Belieben auf Radicchioblättern anrichten.

VARIANTE – THAI-ZARTWEIZEN-SALAT

Für 4 Personen 200 g Zartweizen nach Packungsangabe in Salzwasser garen, dann offen etwas abkühlen lassen. Inzwischen 1 Salatgurke schälen, längs halbieren, entkernen und in Scheiben schneiden. 2 rote Paprikaschoten und 2 Frühlingszwiebeln waschen, putzen und in feine Streifen schneiden. 4 EL süßscharfe Chilisauce mit 4 EL Limettensaft und 2 TL Sesamöl verquirlen. Weizen, Gurke, Paprika und Frühlingszwiebeln untermischen. Salzen und pfeffern. Den Salat nach Belieben mit Korianderblättchen bestreuen.

raffiniert | vollwertig

Amaranthsuppe mit Räuchertofu

Löffelspaß all'italiana: Die hirseähnlichen Amaranthkörner und der gebratene Räuchertofu geben der Suppe Eiweißpower. Tomatenpesto sorgt für intensive Würze.

1 Zwiebel
4 EL Olivenöl
100 g Amaranth
300 g TK-Suppengemüse
1 l Gemüsebrühe
2 TL getrocknete italienische Kräuter
3 Eiertomaten
100 g TK-Erbsen
200 g Räuchertofu (Reformhaus)
Salz | Pfeffer
1 EL Pesto rosso
Basilikum nach Belieben

Für 4 Personen | 30 Min. Zubereitung
Pro Portion ca. 290 kcal, 12 g EW, 17 g F, 22 g KH

1 Die Zwiebel schälen, fein würfeln und in 2 EL Öl in einem großen Topf glasig dünsten. Amaranth und gefrorenes Suppengemüse zufügen, 1 Min. mitdünsten. Mit der Brühe aufgießen. Die Kräuter zufügen, zugedeckt bei mittlerer Hitze 10 Min. kochen.

2 Inzwischen die Tomaten waschen, den Stielansatz herausschneiden, Tomaten halbieren, entkernen und klein würfeln. Mit den Erbsen in die Suppe geben und in 5 Min. fertig garen.

3 Den Tofu in 1 cm große Würfel schneiden und in einer Pfanne im übrigen heißen Öl unter Rühren knusprig braun braten. Die Suppe mit Salz, Pfeffer und Tomatenpesto würzen. Mit den Tofuwürfeln servieren. Nach Belieben mit Basilikum garnieren.

VARIANTE – GRIESS-SUPPE MIT PILZEN

Für 4 Personen 1 Bund Suppengrün putzen und sehr fein würfeln. 1 Zwiebel schälen und fein hacken. Beides in 2 EL Butter 2–3 Min. andünsten. 60 g Hartweizengrieß dazugeben und unter Rühren kurz anrösten. Mit 150 ml trockenem Weißwein und 800 ml Gemüsebrühe ablöschen, aufkochen und zugedeckt bei milder Hitze 10 Min. kochen lassen. Inzwischen 200 g weiße oder braune Champignons putzen, abreiben und in Scheiben schneiden. Die Pilze in 1 EL Olivenöl von jeder Seite 1 Min. bei starker Hitze braun anbraten. 100 g Sahne in die Suppe rühren, salzen und pfeffern. ½ Bund Schnittlauch abbrausen, trocken schütteln und in feine Röllchen schneiden. Mit den Pilzen über die Suppe streuen.

VARIANTE – ASIA-NUDELSUPPE

Für 4 Personen je 1 rote und gelbe Paprikaschote vierteln, putzen, waschen und in Streifen schneiden. 1 Bund Frühlingszwiebeln putzen, waschen, in 2 cm große Stücke schneiden. 1 Glas Mini-Maiskölbchen (190 g Abtropfgewicht) abtropfen lassen. Maiskölbchen längs und quer halbieren. 2 EL Erdnussöl erhitzen, Paprika 2 Min. darin braten. Frühlingszwiebeln und Maiskölbchen dazugeben, weitere 2 Min. unter Wenden mitdünsten. 1 l Gemüsebrühe dazugießen, aufkochen lassen. 125 g Instant-Mie-Eiernudeln in die Suppe rühren und in 5 Min. weich kochen lassen. Die Suppe mit 2–3 EL heller Sojasauce, 1 EL Sesamöl und Pfeffer abschmecken. Die Blätter von ½ Bund Koriandergrün abbrausen, abtrocknen und über die Suppe streuen.

aromatisch | gesunder Snack

Halloumi-Baguette

200 g Zucchini
1 rote Paprikaschote
4 EL Olivenöl
1 Knoblauchzehe
1 TL getrockneter Thymian
Salz | Pfeffer
2 Baguettes (à 200 g)
4 EL scharfer Ajvar (siehe Seite 8)
6 Blätter Eisbergsalat
200 g Halloumi (halbfester zyprischer Käse aus Kuh-, Schafs- und Ziegenmilch)
Olivenöl zum Beträufeln

Für 4 Personen | 30 Min. Zubereitung
Pro Portion ca. 560 kcal, 20 g EW, 27 g F, 60 g KH

1 Den Backofen auf 200° (Umluft 180°) vorheizen. Die Zucchini waschen, putzen, längs halbieren und quer in Scheiben schneiden. Paprika halbieren, entkernen, waschen und in feine Streifen schneiden.

2 Das Öl in einer Pfanne erhitzen, Zucchinischeiben und Paprikastreifen darin 4–5 Min. braten, gelegentlich wenden. Die Knoblauchzehe schälen, dazupressen und kurz mitbraten. Gemüse mit Thymian, Salz und Pfeffer würzen.

3 Baguettes längs halbieren, die Hälften mit je 1 EL Ajvar bestreichen und auf ein Blech setzen. Die Salatblätter putzen, auf die unteren Brothälften verteilen, mit dem Gemüse belegen. Halloumi in dünne Scheiben schneiden, diagonal darauflegen und mit Öl beträufeln. Im Ofen (Mitte) 10 Min. überbacken. Die oberen Brothälften darauflegen.

aus dem Ofen | ganz einfach

Pesto-Ciabatta

1 kleines Bund Basilikum
1 Knoblauchzehe
1 EL Pinienkerne
30 g frisch geriebener Parmesan
6 EL Olivenöl
Salz | Pfeffer
1 Dose Artischockenherzen (240 g Abtropfgewicht)
250 g kleine Strauchtomaten
200 g Mozzarella
4 Ciabatta-Brötchen (à ca. 60 g)

Für 4 Personen | 30 Min. Zubereitung
Pro Portion ca. 510 kcal, 19 g EW, 29 g F, 42 g KH

1 Den Backofen auf 200° (Umluft 180°) vorheizen. Basilikum von den Stielen zupfen, 8 schöne Blätter beiseitelegen. Die Knoblauchzehe schälen, hacken und mit Basilikum, Pinienkernen, Parmesan und Öl im Mixer zu Pesto pürieren. Salzen und pfeffern.

2 Die Artischocken abtropfen lassen und vierteln. Die Tomaten waschen und in Scheiben schneiden. Mozzarella grob zerzupfen.

3 Die Brötchen aufschneiden, alle Schnittflächen mit etwas Pesto bestreichen. Tomaten und Artischocken darauf verteilen. Mit dem Mozzarella belegen, salzen und pfeffern. Je ½ TL Pesto darauf verteilen. Im Ofen (Mitte) 10 Min. überbacken. Mit Basilikum garniert servieren.

VORRATS-TIPP

Die doppelte Menge Pesto zubereiten, in ein Twist-off-Glas füllen, mit Olivenöl bedeckt im Kühlschrank lagern.

oben: Halloumi-Baguette | unten: Pesto-Ciabatta

Gemüse & Kartoffeln

Gaumenfreuden, wie sie Gemüse- und Kartoffelfans lieben: mal mediterran, mal mit der Würze Asiens, kombiniert mit Kräutern, Tofu, Käse oder Ei. Wer sich zudem mit Produkten aus Kühlregal oder Gefriertruhe behilft, spart richtig viel Zeit. So wie bei den Baked Potatoes – sie stehen in 25 Minuten auf dem Tisch!

Backkartoffeln mit Spinat

1 kleine Zwiebel
1 Knoblauchzehe
1 EL Olivenöl
400 g TK-Blattspinat
Salz | Pfeffer
frisch geriebene Muskatnuss
4 gekochte große Backkartoffeln (à 200 g; Fertigprodukt aus dem Kühlregal)
150 g Crème fraîche
50 g geriebener Gouda (Kühlregal)
200 g Schmand
2–3 EL Ajvar (siehe Seite 8)
Olivenöl zum Bepinseln
Backpapier für das Backblech

Für 4 Personen | 25 Min. Zubereitung
Pro Portion ca. 475 kcal, 11 g EW, 35 g F, 28 g KH

1 Den Backofen auf 200° (Umluft 180°) vorheizen. Die Zwiebel und Knoblauchzehe schälen, fein würfeln und im heißen Öl in einem Topf glasig dünsten. Gefrorenen Spinat und 100 ml Wasser dazugeben und zugedeckt bei mittlerer Hitze 6–7 Min. dünsten. Dann mit Salz, Pfeffer und Muskat würzen.

2 Inzwischen ein Backblech mit Backpapier belegen und mit Öl bestreichen. Die Kartoffeln längs halbieren und darauflegen. Den Spinat in einem Sieb abtropfen lassen, leicht ausdrücken. Auf die Kartoffelhälften verteilen. Jeweils 1 EL Crème fraîche daraufgeben und mit dem Gouda bestreuen. Im Ofen (Mitte) 10–12 Min. backen, bis der Käse geschmolzen ist.

3 In der Zwischenzeit Schmand mit Ajvar verrühren und mit Salz und Pfeffer würzen. Zu den gebackenen Kartoffeln servieren.

leicht | mit Käse-Topping

Gemüsepfanne mit Schafskäse

je 1 große rote, gelbe und orange Paprikaschote
2 kleine Zucchini (à ca. 150 g)
2 Zwiebeln
2 Knoblauchzehen
8 Zweige Thymian
4 EL Olivenöl
150 ml Gemüsebrühe
1 Bund Basilikum
200 g Schafskäse (Feta)
Salz | Pfeffer

Für 4 Personen | 25 Min. Zubereitung
Pro Portion ca. 240 kcal, 12 g EW, 19 g F, 6 g KH

1 Die Paprikaschoten putzen, halbieren, entkernen, waschen und in Rauten schneiden. Zucchini putzen, waschen und in Scheiben schneiden. Zwiebeln schälen und in dünne Spalten schneiden. Knoblauchzehen schälen und fein hacken. Thymian abbrausen, trocken schütteln, die Blättchen abzupfen und hacken.

2 Das Öl in einer großen Pfanne erhitzen, Zwiebeln und Knoblauch darin 2–3 Min. dünsten. Das Gemüse dazugeben und bei mittlerer Hitze 3 Min. mitdünsten. Thymian hinzufügen, die Brühe dazugießen und offen 5 Min. weiterdünsten.

3 Inzwischen das Basilikum von den Stielen zupfen, einige Blätter beiseitelegen, den Rest in feine Streifen schneiden. Schafskäse grob zerbröckeln. Das Gemüse salzen und pfeffern, die Basilikumstreifen unterheben. Käse darüberstreuen. Mit übrigem Basilikum garnieren. Dazu passt Ciabatta.

einfach fein | Genuss all'italiana

Kürbis-Gnocchi-Ragout

600 g Gnocchi (Fertigprodukt aus dem Kühlregal)
Salz | 600 g Hokkaido-Kürbis
4 EL Olivenöl
3 Frühlingszwiebeln
75 ml trockener Weißwein (ersatzweise Gemüsebrühe)
100 ml Gemüsebrühe
200 g Sahne | Pfeffer
1–2 EL heller Saucenbinder
½ Bund Petersilie

Für 4 Personen | 25 Min. Zubereitung
Pro Portion ca. 545 kcal, 9 g EW, 28 g F, 65 g KH

1 Die Gnocchi nach Packungsangabe in kochendem Salzwasser garen, anschließend abgießen.

2 Inzwischen den Kürbis waschen, halbieren und von Fasern und Kernen befreien. Kürbis in 2 cm dicke Spalten, dann in 2 cm große Würfel schneiden. Das Öl in einer großen beschichteten Pfanne erhitzen, den Kürbis darin unter gelegentlichem Wenden 6 Min. braten.

3 Inzwischen die Frühlingszwiebeln waschen, putzen, das Weiße und Hellgrüne schräg in 2–3 cm breite Stücke schneiden. In die Pfanne geben, 1 Min. mitbraten. Mit Wein ablöschen, Brühe und Sahne dazugießen und alles in 3 Min. einkochen lassen. Mit Salz und Pfeffer würzen. Saucenbinder einrühren, bis er das Ragout leicht bindet. Die Petersilie abbrausen, trocken schütteln, Blätter abzupfen und fein hacken. Mit den Gnocchi unter das Ragout mischen und kurz erhitzen.

oben: Gemüsepfanne mit Schafskäse | unten: Kürbis-Gnocchi-Ragout

unkompliziert | aromatisch

Kartoffelpfanne mit Pilzen

Herzhaft und deftig: Die Kartoffelpfanne mit Ricotta, Rosmarin und Rucola versetzt einen in genussvolle Urlaubsstimmung und macht dazu noch wenig Arbeit.

600 g kleine, junge Kartoffeln
4 EL Olivenöl
300 g Pfifferlinge (ersatzweise Champignons)
200 g Kirschtomaten
2 Schalotten
1 Zweig Rosmarin
1 Knoblauchzehe
Salz | Pfeffer
50 g Rucola | 100 g Ricotta

Für 4 Personen | 30 Min. Zubereitung
Pro Portion ca. 265 kcal, 8 g EW, 15 g F, 25 g KH

1 Die ungeschälten Kartoffeln unter fließend kaltem Wasser gut abbürsten und vierteln. 2 EL Öl in einer großen beschichteten Pfanne erhitzen. Die Kartoffelspalten darin 10 Min. bei mittlerer Hitze anbraten, dabei öfter wenden.

2 Inzwischen die Pfifferlinge putzen und abreiben, nur wenn nötig abbrausen, dann grob zerschneiden. Die Kirschtomaten waschen und halbieren. Die Schalotten schälen und in feine Ringe schneiden. Pilze und Schalotten mit dem restlichen Öl in die Pfanne geben und weitere 5 Min. garen.

3 Den Rosmarin abbrausen, Nadeln abzupfen und fein hacken. Die Knoblauchzehe schälen und fein würfeln. Beides mit den Kirschtomaten unter die Kartoffeln mischen, mit Salz und Pfeffer würzen. Rucola waschen, trocken schütteln, grob hacken. Ricotta zerbröseln und beides darüberstreuen.

VARIANTE – KARTOFFEL-PILZ-GRATIN

Für 4 Personen den Backofen auf 200° (Umluft 180°) vorheizen. Eine Gratinform (ca. 35 x 22 cm) einfetten. 500 g vorgegarte Kartoffelscheiben (Kühlregal) darin verteilen. 400 g gemischte Pilze (z. B. Austernpilze, Champignons und Pfifferlinge) putzen und grob zerschneiden. 1 Zwiebel schälen und würfeln. 2 EL Olivenöl erhitzen, die Zwiebel darin glasig dünsten. Pilze dazugeben, 3 Min. mitbraten. 250 g Crème fraîche und 1 EL scharfen Senf einrühren. 40 g geriebenen Parmesan dazugeben. Kurz aufkochen, salzen und pfeffern. Die Pilzmischung über den Bratkartoffeln verteilen. Gratin im Ofen (Mitte) 20 Min. backen.

VARIANTE – GNOCCHI-GEMÜSE-TORTILLA

Für 4 Personen den Backofen auf 200° (Umluft 180°) vorheizen. 1 dünne Stange Lauch waschen, putzen, das Weiße und Hellgrüne in feine Ringe schneiden. 2 Möhren schälen, in Scheiben schneiden. Lauch und Möhren mit 150 g TK-Erbsen in kochendes Salzwasser geben, 3 Min. garen. Inzwischen 5 Eier, 100 ml Milch, 50 g geriebenen Emmentaler (Kühlregal) verrühren. Mit Salz und Pfeffer kräftig würzen. Gemüse gut abtropfen lassen und mit 1 Pck. Bio-Mini-Gnocchi (400 g; Kühlregal) mischen. In eine gefettete ofenfeste Pfanne (Ø 28 cm) geben. Die Eiermilch darübergießen. Im Ofen (Mitte) 15–20 Min. backen. Nach Belieben mit gehackten Petersilienblättern bestreuen.

mediterran | aus dem Vorrat

Weißes Bohnenpüree

2 Dosen dicke weiße Bohnen (à 240 g Abtropfgewicht) | 1 Zwiebel | 1 Knoblauchzehe | 4 EL Olivenöl | 200 ml Gemüsefond (Glas) | 8 Salbeiblätter | ½ TL abgeriebene Schale von 1 Bio-Zitrone | Salz | Pfeffer

Für 4 Personen | 25 Min. Zubereitung
Pro Portion ca. 175 kcal, 7 g EW, 11 g F, 13 g KH

1 Die Bohnen in ein Sieb abgießen, abbrausen und gut abtropfen lassen. Zwiebel und Knoblauch schälen und fein würfeln. 2 EL Öl in einem breiten Topf erhitzen, Zwiebel und Knoblauch darin bei mittlerer Hitze 3 Min. glasig andünsten. Bohnen zugeben, 1 Min. mitdünsten, Fond zugießen. Die Bohnen zugedeckt bei mittlerer Hitze 8 Min. garen.

2 Inzwischen den Salbei im übrigen Öl kurz anbraten, Zitronenschale zufügen. Die Bohnen pürieren. Mit Salz und Pfeffer würzen. Mit dem Salbei-Zitronen-Öl beträufeln. Dazu schmeckt Tomatensalat.

indisch | schön würzig

Rotes Linsen-Dal

1 Stück frischer Ingwer (ca. 2 cm) | 2 Knoblauchzehen | 2 EL Erdnussöl | 250 g rote Linsen | 1 TL gemahlener Kreuzkümmel | 2 TL Currypulver | 400 ml Gemüsebrühe | 200 g passierte Tomaten (Dose) | ½ Bund Koriandergrün | Salz | Pfeffer | 2–3 TL frisch gepresster Zitronensaft

Für 4 Personen | 20 Min. Zubereitung
Pro Portion ca. 235 kcal, 16 g EW, 6 g F, 28 g KH

1 Ingwer und Knoblauch schälen und fein würfeln. In einem Topf im heißen Öl 1 Min. andünsten. Linsen, Kreuzkümmel und Currypulver kurz mitdünsten. Die Brühe zugießen, Tomaten einrühren, alles zugedeckt bei mittlerer Hitze 10–12 Min. kochen, bis die Flüssigkeit fast vollständig aufgesogen ist und die Linsen weich sind.

2 Inzwischen Koriandergrün abbrausen, trocken schütteln, Blätter abzupfen und hacken. Dal mit Salz, Pfeffer und Zitronensaft abschmecken. Koriander untermischen. Dazu passt gebratener Tofu.

gelingt leicht | Kinderliebling

Kartoffel-Brokkoli-Püree

800 g mehligkochende Kartoffeln | Salz | 500 g Brokkoli | 3 Frühlingszwiebeln | 1 EL Rapsöl | 125 g Sahne | Salz | Pfeffer | frisch geriebene Muskatnuss

Für 4 Personen | 30 Min. Zubereitung
Pro Portion ca. 250 kcal, 7 g EW, 13 g F, 27 g KH

1 Die Kartoffeln schälen, 1 cm groß würfeln und in Salzwasser 15 Min. kochen. Inzwischen den Brokkoli waschen, putzen und klein schneiden. Die Frühlingszwiebeln putzen, waschen und das Weiße und Hellgrüne getrennt fein schneiden.

2 Das Öl erhitzen, den Brokkoli und das Weiße der Frühlingszwiebeln 3 Min. andünsten. Sahne zugießen und bei milder Hitze zugedeckt 5 Min. kochen lassen. Kartoffeln abgießen, heiß durch die Kartoffelpresse drücken. Mit dem Brokkoli und dem Grün der Frühlingszwiebeln vermengen. Mit Salz, Pfeffer und Muskat würzen. Dazu schmecken Spiegeleier.

einfach und preiswert

Rote-Bete-Püree

1 Pck. Kartoffelpüree (für 3 Portionen) | Salz | 125 ml Milch | 500 g Rote Bete (vakuumverpackt; Kühlregal) | 2 EL weiche Butter | Cayennepfeffer | frisch geriebene Muskatnuss | 2 TL frisch gepresster Zitronensaft | ½ Bund Schnittlauch

Für 4 Personen | 20 Min. Zubereitung
Pro Portion ca. 165 kcal, 4 g EW, 6 g F, 24 g KH

1 Das Kartoffelpüree mit Salz und Wasser nach Packungsangabe und zusätzlich mit der Milch zubereiten und warm halten.

2 Inzwischen die Rote Bete fein würfeln, die Butter zufügen und mit dem Pürierstab pürieren. Die Masse in einem Topf erwärmen und anschließend unter das Kartoffelpüree heben. Mit Salz, Cayennepfeffer, Muskat und Zitronensaft abschmecken. Schnittlauch waschen, trocken schütteln und in feine Röllchen schneiden. Schnittlauch über das Kartoffelpüree streuen. Dazu schmecken wachsweiche Eier.

asiatisch | leicht und gesund

Bohnen-Wok mit Tofu

400 g TK-grüne-Bohnen
1 EL Sesamsamen
4 Möhren
6 Schalotten
250 g fester Tofu
1 EL Sesamöl
2 EL Erdnussöl
250 ml Gemüsebrühe
Salz | Pfeffer
3 EL Sojasauce
2 TL dunkler Saucenbinder

Für 4 Personen | 30 Min. Zubereitung
Pro Portion ca. 215 kcal, 10 g EW, 13 g F, 15 g KH

1 Die Bohnen antauen lassen. Den Sesam in einer Pfanne ohne Fett goldbraun rösten, abkühlen lassen. Die Möhren schälen und in Stifte schneiden. Die Schalotten abziehen und vierteln. Den Tofu halbieren, dann in Scheiben schneiden und mit dem Sesamöl beträufeln.

2 Das Erdnussöl in einem Wok erhitzen, Möhren und Schalotten darin unter Rühren 3 Min. braten. Tofu zugeben, 2–3 Min. mitbraten. Grüne Bohnen untermischen, mit der Brühe ablöschen und alles zugedeckt 5 Min. bei mittlerer Hitze garen.

3 Das Tofugemüse mit Salz, Pfeffer und Sojasauce würzen. Den Saucenbinder einrühren und einkochen lassen und das Gemüse leicht damit binden. Mit dem Sesam bestreuen. Dazu schmeckt Patnareis oder Mie-Nudeln.

mediterran | würzig

Halloumi mit Peperonata

450 g Halloumi-Käse (halbfester zyprischer Käse aus Kuh-, Schafs- und Ziegenmilch)
5 EL Olivenöl | 1 TL getrockneter Oregano
Pfeffer | 2 rote und 1 gelbe Paprikaschote
2 Zwiebeln
1 Knoblauchzehe | Salz
1 Dose stückige Tomaten (400 g)
2 TL getrockneter Thymian

Für 4 Personen | 30 Min. Zubereitung
Pro Portion ca. 520 kcal, 28 g EW, 42 g F, 9 g KH

1 Den Halloumi in 1 cm dicke Scheiben schneiden. 2 EL Olivenöl mit Oregano und Pfeffer verrühren, den Käse darin wenden und marinieren lassen. Inzwischen die Paprikaschoten putzen, entkernen, waschen und in 2 cm große Stücke schneiden. Die Zwiebeln schälen, halbieren und in Streifen schneiden. Die Knoblauchzehe abziehen und fein hacken.

2 Das übrige Öl in einem Schmortopf erhitzen. Die Zwiebeln und den Knoblauch darin 2 Min. dünsten. Die Paprika dazugeben und 3 Min. mitdünsten. Mit Salz und Pfeffer würzen. Die Tomaten dazugeben, den Thymian einrühren, aufkochen und alles bei mittlerer Hitze 5 Min. schmoren lassen. Mit Salz und Pfeffer abschmecken.

3 Inzwischen eine Grillpfanne stark erhitzen, den Halloumi darin von beiden Seiten 2–3 Min. goldbraun braten. Mit der Peperonata servieren. Dazu passt Baguette oder Ciabatta.

oben: Bohnen-Wok mit Tofu | unten: Halloumi mit Peperonata

gelingt leicht | orientalisch

Kichererbsen-Curry

2 Zwiebeln
1 Stück frischer Ingwer (ca. 3 cm)
2 EL Erdnussöl | 2 EL Currypulver
400 ml Gemüsefond (Glas)
250 ml ungesüßte Kokosmilch (Dose)
300 g Möhren | 1 Dose Kichererbsen
(240 g Abtropfgewicht) | 200 g TK-Erbsen
1–2 EL heller Saucenbinder
Salz | Pfeffer
2–3 TL frisch gepresster Limettensaft

Für 4 Personen | 25 Min. Zubereitung
Pro Portion ca. 285 kcal, 8 g EW, 18 g F, 21 g KH

1 Die Zwiebeln abziehen und in feine Streifen schneiden. Ingwer schälen und fein würfeln. Das Öl in einem Topf erhitzen, Zwiebeln und Ingwer darin 3 Min. dünsten. Mit dem Curry bestäuben, kurz andünsten. Fond und Kokosmilch zugeben, offen bei mittlerer Hitze 5–6 Min. einkochen lassen.

2 Inzwischen die Möhren schälen, schräg in dünne Scheiben schneiden. Kichererbsen in einem Sieb kalt abbrausen, abtropfen lassen. Möhren mit den Kichererbsen und Erbsen in die Sauce geben. Aufkochen und zugedeckt bei mittlerer Hitze weitere 5–7 Min. kochen.

3 Das Gemüse mit dem Saucenbinder binden, mit Salz, Pfeffer und Limettensaft abschmecken. Dazu passt Basmatireis.

WÜRZ-TIPP

Wer mag, streut noch 2 EL Röstzwiebeln (Fertigprodukt) und einige Blätter Koriandergrün über das Curry.

Seelenwärmer | aus dem Vorrat

Chili sin carne

300 g fester Tofu
4 EL Olivenöl
2½ EL Chilipulver (Gewürzmischung)
1 Zwiebel
2 Knoblauchzehen
1 große grüne Paprikaschote
500 g passierte Tomaten mit Oregano (Dose)
400 ml Gemüsebrühe
1 Dose Maiskörner (285 g Abtropfgewicht)
1 Dose Kidneybohnen (250 g Abtropfgewicht)
Salz | Pfeffer

Für 4 Personen | 30 Min. Zubereitung
Pro Portion ca. 335 kcal, 16 g EW, 15 g F, 32 g KH

1 Den Tofu in 1,5 cm große Würfel schneiden. 2 EL Öl mit ½ EL Chilipulver verrühren, Tofu darin wenden. Zwiebel und Knoblauch schälen und fein würfeln. Paprikaschote halbieren, putzen, entkernen, waschen und in 1–2 cm große Stücke schneiden.

2 Das übrige Öl in einem Topf erhitzen. Zwiebel, Knoblauch und Paprika 2 Min. darin dünsten. Restliches Chilipulver einrühren. Tomaten und Brühe zugeben, bei mittlerer Hitze 5 Min. zugedeckt kochen lassen. Mais und Kidneybohnen abgießen, abbrausen, abtropfen lassen und dazugeben. Bei mittlerer Hitze weitere 5 Min. kochen lassen.

3 Inzwischen eine beschichtete Pfanne erhitzen, den Tofu darin rundherum in 3–4 Min. goldbraun anbraten, salzen. Das Chili mit Salz und Pfeffer würzen. Die Tofuwürfel unterheben. Nach Belieben mit saurer Sahne und Eisbergsalat-Streifen servieren.

oben: Kichererbsen-Curry | unten: Chili sin carne

vitaminreich | mit wenig Aufwand

Ofengemüse mit Dip

Knackig und bunt vom heißen Blech: Appetitlicher kann man Süßkartoffeln, Lauch und Kohlrabi nicht servieren. Dazu gibt's einen frischen Joghurtdip.

500 g große Süßkartoffeln (ersatzweise große festkochende Kartoffeln)
1 Stange Lauch
2 junge Kohlrabi (ca. 500 g)
2 EL Sonnenblumenkerne
Salz | Pfeffer
4 EL Olivenöl
100 g Salatmayonnaise (Glas)
150 g Joghurt
1 Knoblauchzehe
abgeriebene Schale von 1 Bio-Zitrone
½ TL Chiliflocken (ersatzweise Cayennepfeffer)
Olivenöl zum Bestreichen
Backpapier für das Blech

Für 4 Personen | 30 Min. Zubereitung
Pro Portion ca. 425 kcal, 6 g EW, 30 g F, 32 g KH

1 Den Backofen auf 200° (Umluft 180°) vorheizen. Ein Backblech mit Backpapier auslegen, mit Olivenöl einstreichen. Die Süßkartoffeln schälen, längs vierteln und in 5 mm dicke Scheiben schneiden. Den Lauch waschen, putzen und das Weiße und Hellgrüne schräg in 1 cm dicke Ringe schneiden. Den Kohlrabi putzen, schälen, halbieren und in Scheiben schneiden. Das Gemüse mit den Sonnenblumenkernen mischen, mit Salz und Pfeffer kräftig würzen.

2 Das Gemüse auf dem Blech verteilen. Mit dem Olivenöl beträufeln. Im Ofen (Mitte) 20 Min. backen, bis es gebräunt ist.

3 Inzwischen für den Dip die Mayonnaise mit dem Joghurt verrühren. Die Knoblauchzehe schälen und dazupressen. Mit Salz, Pfeffer, Zitronenschale und Chiliflocken würzen. Den Dip extra zum Ofengemüse reichen. Dazu knuspriges Sesam-Fladenbrot, Baguette oder Ciabatta servieren.

TIPP – RESTEVERWERTUNG

Übriges Gemüse kann man mit Aceto balsamico und Olivenöl marinieren und kalt essen.

VARIANTE – PROVENZALISCHES RÖSTGEMÜSE MIT ZIEGENKÄSE

Für 4 Personen den Backofen auf 220° (Umluft 200°) vorheizen. 300 g rote und hellgrüne Spitzpaprika halbieren, putzen, entkernen, waschen und in 1–2 cm breite Streifen schneiden. 2 kleine Zucchini waschen, putzen und in Scheiben schneiden. 1 Aubergine (ca. 250 g) waschen, putzen, längs vierteln und ebenfalls in Scheiben schneiden. 2 Knoblauchzehen schälen und in Scheiben schneiden. Das Gemüse mit dem Knoblauch mischen, mit Salz, Pfeffer, 2 TL Kräutern der Provence würzen. Auf einem mit Backpapier belegten Blech verteilen. Mit 4 EL Olivenöl beträufeln. Gemüse im Ofen (unten) 10 Min. garen. Inzwischen 4 runde Ziegenfrischkäse (à ca. 125 g) mit etwas Olivenöl bestreichen, mit Pfeffer würzen und auf das Gemüse setzen. Mit je 1 TL flüssigem Honig beträufeln. Im Ofen bei 200° (Mitte; Umluft 180°) in 10 Min. fertig garen.

Pasta, Reis & Körner

Alle Rezepte sparen ohne Ende Zeit: ob gelber Linsen-Reis, Tomaten-Weizen, Polenta mit Pilzen oder Gemüse-Nudeln – eines ist unkomplizierter als das andere. Denn Getreide wie Schnellkochhirse, Expressreis, Instant-Couscous und Frischnudeln garen zügig. Und so kommt man schnell zum ersehnten Genuss – wie beim Bulgur mit Tofuspießen.

Tomaten-Bulgur mit Tofuspießen

300 g fester Tofu
6 EL Olivenöl
1 EL frisch gepresster Zitronensaft
Salz | Pfeffer
1 Knoblauchzehe
1 Zwiebel | 2 TL Tomatenmark
300 g Bulgur
1 Dose stückige Tomaten (400 g)
600 ml Gemüsebrühe
200 g junge Zucchini
8 Schaschlik- oder Holzspieße
1 Bio-Zitrone

Für 4 Personen | 30 Min. Zubereitung
Pro Portion ca. 505 kcal, 18 g EW, 20 g F, 58 g KH

1 Den Tofu in 2 cm große Würfel schneiden. 2 EL Olivenöl, Zitronensaft, Salz und Pfeffer verrühren. Knoblauchzehe schälen und dazupressen. Den Tofu darin wenden.

2 Die Zwiebel schälen und klein würfeln. 2 EL Olivenöl in einem Topf erhitzen, Zwiebel darin andünsten. Tomatenmark dazugeben und anschwitzen. Bulgur unterrühren und 3 Min. unter Rühren anbraten. Tomaten dazugeben, mit Salz würzen. Mit der Brühe auffüllen, aufkochen und zugedeckt bei milder Hitze 15 Min. ausquellen lassen.

3 Inzwischen die Zucchini waschen, putzen und in 1 cm dicke Scheiben schneiden. Abwechselnd mit dem Tofu auf die Spieße stecken. Das übrige Öl in einer großen beschichteten Pfanne erhitzen, die Spieße darin bei mittlerer Hitze in 10–12 Min. rundum braten. Die Tofuspieße mit dem Tomaten-Bulgur anrichten. Die Zitrone waschen, abtrocknen und in Spalten schneiden, extra dazureichen.

vollwertig | gelingt leicht

Gelber Linsen-Reis mit Spinat

Ein appetitlich-bunter Sattmacher: Vollkornreis und rote Linsen sind ideale Begleiter zu Blattspinat und Ei. Chili und Kurkuma sorgen für Würze und Farbe.

1 rote Zwiebel
2 Knoblauchzehen
1 rote Chilischote
2 EL Butterschmalz
1 TL Kurkuma
150 g rote Linsen
300 g Schnellkoch-Naturreis
500 ml Gemüsebrühe
4 Eier | 300 g Blattspinat (küchenfertig aus dem Kühlregal; ersatzweise 250 g aufgetauter TK-Blattspinat)
Salz | Pfeffer
1–2 EL frisch gepresster Zitronensaft

Für 4 Personen | 30 Min. Zubereitung
Pro Portion ca. 500 kcal, 22 g EW, 12 g F, 76 g KH

1 Die Zwiebel schälen, vierteln und in Scheiben schneiden. Knoblauchzehen schälen und fein hacken. Chilischote längs aufschneiden, entkernen, abbrausen und in feine Ringe schneiden.

2 Butterschmalz im Topf erhitzen. Zwiebel darin glasig dünsten. Knoblauch, Chilischote und Kurkuma zufügen, 1 Min. mitdünsten. Linsen und Reis unterrühren. Die Brühe zugießen, aufkochen und zugedeckt bei milder Hitze 10 Min. garen, bis Reis und Linsen weich sind und die Brühe eingekocht ist.

3 Inzwischen die Eier in 6–8 Min. wachsweich kochen. Den Spinat unter den Linsen-Reis heben, noch 5 Min. mitgaren. Mit Salz, Pfeffer und Zitronensaft abschmecken. Eier abschrecken, pellen, halbieren und mit dem Linsen-Reis anrichten.

VARIANTE – PAPRIKA-REIS MIT TOFU

Für 4 Personen 400 g gemischte Paprikaschoten halbieren, entkernen, waschen und in kleine Würfel schneiden. 1 Gemüsezwiebel schälen und würfeln. 250 g Räuchertofu (Reformhaus) in 1–2 cm große Würfel schneiden und in einer großen Pfanne in 2 EL Rapsöl 3 Min. unter Wenden braten, herausnehmen. Zwiebel- und Paprikawürfel im Bratfett 2–3 Min. dünsten. 2 Pck. Basmati-Expressreis (500 g) dazugeben und unter Rühren 2 Min. anbraten. Tofu unterheben. Mit 300 ml Gemüsebrühe ablöschen. 1 Bund Petersilie waschen, trocken schütteln, Blätter abzupfen, hacken und unterheben. Mit Salz und Cayennepfeffer würzen.

VARIANTE – ERBSEN-RISOTTO

Für 4 Personen 3 Stangen Staudensellerie putzen und waschen, 1 Zwiebel schälen. Beides in feine Würfel schneiden und in 1 EL Olivenöl in einem Topf 2–3 Min. dünsten. 1 Knoblauchzehe schälen und dazupressen. 400 g Risottoreis einrühren, kurz anbraten. 125 ml trockenen Weißwein und 500 ml Gemüsebrühe zugießen, aufkochen und alles zugedeckt bei milder Hitze 20 Min. quellen lassen. 300 g TK-Erbsen 5 Min. vor Ende der Garzeit dazugeben. Inzwischen die Blätter von 1 Bund Basilikum abzupfen und hacken. Basilikum unter den Risotto heben, mit Salz und Pfeffer abschmecken. Mit 50 g geriebenem Parmesan servieren.

kernig | mit milder Schärfe

Gebratener Tomaten-Weizen

250 g Zartweizen (Ebly)
Salz | 500 g Kirschtomaten
1 Dose Maiskörner (285 g Abtropfgewicht)
3 Frühlingszwiebeln
2 EL Rapsöl
2 EL Butter
1 Bund Petersilie
1 EL Chilipulver
50 g geriebener Emmentaler (Kühlregal)

Für 4 Personen | 30 Min. Zubereitung
Pro Portion ca. 455 kcal, 16 g EW, 15 g F, 63 g KH

1 Den Zartweizen in kochendem Salzwasser nach Packungsangabe 10 Min. garen, abgießen und abtropfen lassen.

2 Inzwischen die Kirschtomaten waschen und vierteln. Den Mais in einem Sieb abtropfen lassen. Die Frühlingszwiebeln waschen, putzen, das Weiße und Hellgrüne in feine Ringe schneiden.

3 Das Öl und die Butter in einer beschichteten Pfanne erhitzen. Den Weizen unter Wenden im heißen Öl in 3–4 Min. anbraten. Frühlingszwiebeln, Mais und Tomaten unterrühren, 5 Min. mitgaren. Die Petersilie waschen, trocken schütteln, Blätter abzupfen und hacken. Den Weizenmix mit Salz und Chilipulver würzen. Käse und Petersilie untermischen.

AUSTAUSCH-TIPP

Den Zartweizen können Sie nach Belieben auch durch Schnellkoch-Naturreis ersetzen.

leicht und gesund | mit Frischekick

Curry-Gemüse-Hirse

700 ml Gemüsebrühe
1 EL Currypulver
200 g Schnellkochhirse (Reformhaus)
2 rote Paprikaschoten (ca. 300 g)
150 g Zuckerschoten
1 Zwiebel | 1 Knoblauchzehe
2 EL ungesalzene Erdnüsse
2 EL Erdnussöl
Salz | Pfeffer
150 g Joghurt

Für 4 Personen | 30 Min. Zubereitung
Pro Portion ca. 305 kcal, 9 g EW, 11 g F, 41 g KH

1 Die Brühe mit dem Currypulver aufkochen. Die Hirse in einem Sieb kurz mit heißem Wasser abspülen. In die Brühe geben und 1 Min. kochen, dann zugedeckt 10 Min. ausquellen lassen.

2 Inzwischen Paprikaschoten halbieren, putzen, entkernen, waschen und klein würfeln. Zuckerschoten waschen, je nach Größe ganz lassen oder quer halbieren. Gemüse 2 Min. vor Ende der Quellzeit zur Hirse geben und zu Ende garen.

3 Die Zwiebel und die Knoblauchzehe schälen und fein hacken. Die Erdnüsse hacken und in einer großen Pfanne ohne Fett anrösten. Herausheben und beiseitestellen.

4 Das Öl in der Pfanne erhitzen. Zwiebel und Knoblauch darin glasig dünsten. Gemüsehirse untermischen, mit Salz und Pfeffer kräftig würzen. Hirse anrichten und einen Klecks Joghurt daraufgeben. Mit den Erdnüssen bestreuen. Übrigen Joghurt extra dazuservieren.

oben: Gebratener Tomaten-Weizen | unten: Curry-Gemüse-Hirse

gelingt leicht | italienisch inspiriert

Thymian-Polenta mit Pilzen

Leicht und schnell in der Zubereitung: Das mit Pilzen und Tomaten zubereitete Gemüse samt würziger Polenta ist nicht nur für Vegetarier ein Festmahl.

750 ml Gemüsebrühe
250 ml Milch
2 TL getrockneter Thymian
Salz | Pfeffer
250 g Instant-Polenta
400 g kleine Strauchtomaten
250 g weiße oder braune Champignons
250 g Austernpilze
½ Bund Schnittlauch
2 EL Olivenöl
2 EL frisch geriebener Parmesan

Für 4 Personen | 25 Min. Zubereitung
Pro Portion ca. 355 kcal, 14 g EW, 10 g F, 53 g KH

1 Die Brühe mit Milch, Thymian, Salz und Pfeffer aufkochen. Polenta einstreuen und unter Rühren nach Packungsangabe 10 Min. garen.

2 Inzwischen die Tomaten waschen und vierteln. Die Champignons putzen und vierteln. Die Austernpilze abreiben und grob zerschneiden. Den Schnittlauch waschen, trocken schütteln und in feine Röllchen schneiden.

3 Das Öl in einer Pfanne erhitzen, die Pilze darin 2 Min. bei starker Hitze braten. Tomaten dazugeben, 2 Min. mitdünsten. Den Schnittlauch bis auf 1 EL untermischen, mit Salz und Pfeffer würzen.

4 Den Parmesan unter die Polenta mischen, mit den Pilzen auf Tellern anrichten. Den übrigen Schnittlauch darüberstreuen.

VARIANTE – POLENTA-GEMÜSE-GRATIN

Für 4 Personen den Backofen auf 200° (Umluft 180°) vorheizen. 300 ml Gemüsebrühe mit 150 ml Milch aufkochen, 125 g Instant-Polenta unter Rühren einstreuen und auf der ausgeschalteten Herdplatte 5 Min. quellen lassen. Vom Herd nehmen. Inzwischen 800 g TK-Rahmgemüse (z. B. Königsgemüse) in einem Topf nach Packungsangabe bei mittlerer Hitze 10 Min. auftauen und dünsten lassen. 100 g Speisequark, 50 g TK-Petersilie und 50 g geriebenen Bergkäse unter die Polenta mischen. Mit Salz und Pfeffer abschmecken. Die Polenta in eine gefettete Gratinform geben und mit einem angefeuchteten Löffel glatt streichen. Das Gemüse darauf verteilen und mit 100 g geriebenem Bergkäse bestreuen. Im Ofen (Mitte) 15–18 Min. überbacken. Dazu passt grüner Salat.

VARIANTE – RICOTTA-POLENTA

Für 4 Personen 350 ml Gemüsebrühe und 250 ml Milch mit 1 TL Salz aufkochen. 125 g Instant-Polenta einstreuen, unter gelegentlichem Rühren 10 Min. garen. Inzwischen die Blätter von 1 Bund Basilikum abzupfen und in feine Streifen schneiden. 250 g Ricotta glatt rühren, mit dem Basilikum unter die Polenta rühren. Mit Salz und Pfeffer würzen. 2 EL Pinienkerne in einer Pfanne ohne Fett goldbraun rösten. 125 g Kirschtomaten waschen und halbieren. Pinienkerne auf die Polenta streuen, mit den Tomaten anrichten.

Klassiker mal neu | preiswert

Käsespätzle mit Spitzkohl

Die Spätzle aus der Pfanne werden der Renner in Ihrer Familie: mit Zwiebeln und zarten Kohlstreifen unter einer knusprigen Käsehaube.

4 Schalotten | 600 g Spitzkohl | 2 EL Rapsöl | Salz | Pfeffer | 4 EL Butter | 800 g Spätzle (Kühlregal) | ½ TL rosenscharfes Paprikapulver | 1 Pck. TK-Petersilie (50 g) | 150 g geraspelter Emmentaler (Kühlregal)

Für 4 Personen | 30 Min. Zubereitung
Pro Portion ca. 630 kcal, 26 g EW, 32 g F, 59 g KH

1 Die Schalotten schälen und in sehr dünne Ringe schneiden. Den Spitzkohl waschen, vierteln und vom Strunk befreien. Anschließend den Kohl in feine Streifen schneiden.

2 Das Öl in einer großen beschichteten Pfanne erhitzen, die Schalotten und die Kohlstreifen darin 2–3 Min. unter Rühren dünsten. Mit Salz und Pfeffer würzen. Den Spitzkohl aus der Pfanne nehmen.

3 Die Butter in der Pfanne zerlassen, die Spätzle darin nach Packungsangabe unter Wenden 2–3 Min. goldbraun braten. Die Kohlmischung wieder hinzufügen und 1 Min. mitbraten. Mit Salz, Pfeffer und Paprikapulver würzen. Die Petersilie und den Käse darüberstreuen. Den Deckel auflegen und bei mittlerer Hitze zugedeckt 5 Min. ziehen lassen, bis der Käse geschmolzen ist. Dazu schmeckt ein gemischter Blattsalat mit Essig-Öl-Dressing.

AUSTAUSCH-TIPP

Statt Spitzkohl 2 Stangen Lauch in feine Ringe schneiden und wie im Rezept beschrieben im Öl dünsten und würzen. 200 g Kirschtomaten zufügen. Die Spätzle durch frische Bandnudeln aus dem Kühlregal ersetzen. Mit Käse und Petersilie servieren.

frisch und leicht

Tomaten-Rucola-Nudeln

6 Tomaten | 2 Knoblauchzehen | 2 Bund Rucola | 500 g schmale Bandnudeln (Kühlregal) | Salz | 4 EL Olivenöl | schwarzer Pfeffer aus der Mühle | 2 EL Aceto balsamico

Für 4 Personen | 25 Min. Zubereitung
Pro Portion ca. 280 kcal, 8 g EW, 13 g F, 40 g KH

1 Tomaten waschen, vom Stielansatz befreien, halbieren, entkernen und das Fruchtfleisch klein würfeln. Knoblauch schälen und in dünne Scheiben schneiden. Rucola waschen, grob zerzupfen.

2 Inzwischen die Nudeln nach Packungsangabe in reichlich Salzwasser bissfest garen, dann abgießen und gut abtropfen lassen. Das Öl in einer großen Pfanne erhitzen. Die Tomaten darin mit dem Knoblauch 2 Min. anbraten, kräftig salzen und pfeffern. Die Nudeln mit dem Rucola unter die Tomaten mischen. Mit Aceto balsamico würzen und mit Pfeffer übermahlen.

ganz einfach | raffiniert

Zitronen-Ravioli

750 g Vollkorn-Ravioli mit Spinat-Ricotta-Füllung (Fertigprodukt aus dem Kühlregal; ersatzweise Tortellini) | Salz | 1 Bio-Zitrone | 2 EL Pinienkerne | 4 EL Butter | Pfeffer | 3–4 Stiele Basilikum | 50 g frisch geriebener Parmesan

Für 4 Personen | 20 Min. Zubereitung
Pro Portion ca. 515 kcal, 22 g EW, 22 g F, 58 g KH

1 Die Ravioli nach Packungsangabe in reichlich Salzwasser garen, abgießen und abtropfen lassen.

2 Die Zitrone heiß waschen und abtrocknen. Die Schale dünn abschälen und in feine Streifen schneiden. Den Saft auspressen.

3 Die Pinienkerne in einer Pfanne ohne Fett goldbraun rösten, herausnehmen. Dann die Butter in der Pfanne zerlassen, Zitronenschale und -saft hinzufügen. Die Ravioli in der Butter schwenken, salzen und pfeffern. Mit Basilikumblättern, Pinienkernen und Parmesan bestreut servieren.

aus dem Wok | leicht scharf

Gemüse-Nudeln mit Tofu

Tofu badet in Teriyaki, bevor er goldbraun gebraten wird. Frische Shiitakepilze, knackige Paprika, Frühlingszwiebeln und Soba-Nudeln leisten ihm Gesellschaft.

250 g fester Tofu
50 ml Teriyaki-Sauce (japanische Würzsauce; Asialaden)
½ TL Wasabipaste (japanischer grüner Meerrettich; Asialaden)
je 1 rote und gelbe Paprikaschote
4 Frühlingszwiebeln
150 g Shiitakepilze
200 g Soba-Nudeln (ersatzweise Mie-Nudeln)
Salz | 4 EL Erdnussöl
1–2 EL Sesamöl | Pfeffer
½ Bund Koriandergrün (ersatzweise Petersilie)

Für 4 Personen | 30 Min. Zubereitung
Pro Portion ca. 410 kcal, 14 g EW, 19 g F, 45 g KH

1 Tofu in 1 cm große Würfel schneiden. Teriyaki-Sauce und Wasabi verrühren, Tofu darin wenden.

2 Die Paprikaschoten vierteln, putzen, entkernen, abbrausen und in feine Streifen schneiden. Frühlingszwiebeln waschen, putzen und schräg in 2 cm breite Stücke schneiden. Shiitakepilze entstielen, Hüte abreiben und vierteln. Die Nudeln nach Packungsangabe in kochendem Salzwasser 3–4 Min. garen.

3 Inzwischen 2 EL Erdnussöl in einem Wok erhitzen, den Tofu abtropfen lassen und in 2–3 Min. scharf anbraten. Herausnehmen. Paprika und Pilze mit dem übrigen Erdnussöl in den Wok geben und 2–3 Min. anbraten. Frühlingszwiebeln zufügen, 1 Min. weiterbraten. Nudeln und Tofu dazugeben und untermischen. Das Ganze mit der Teriyaki-Marinade, Sesamöl, Salz und Pfeffer abschmecken. Korianderblätter von den Stielen zupfen und über die Gemüsenudeln streuen.

WÜRZ-TIPP

Für ein frisches scharfes Topping noch 50 g eingelegten Ingwer (Glas; Asienregal) in Streifen schneiden und auf die Wok-Nudeln streuen.

AUSTAUSCH-TIPP

Statt der asiatischen Nudeln schmecken auch frische Bandnudeln aus der Kühltheke sehr gut.

VARIANTE – ASIA-NUDELPFANNE MIT OMELETT

Für 4 Personen 250 g dünne Reisnudeln 4 Min. in Wasser kochen, in ein Sieb gießen, abschrecken und abtropfen lassen. Für das Omelett 3 Eier mit 4 EL Sahne, Salz und Pfeffer verquirlen. 1 EL Erdnussöl in einem Wok erhitzen, Eiermasse hineingeben und unter Wenden 5 Min. braten. Herausnehmen und abkühlen lassen. 500 g TK-Wok-Gemüse-Mix nach Packungsangabe im heißen Wok zubereiten. Die Reisnudeln unterheben, dabei wenden. 150 ml Gemüsebrühe, 4 EL Sojasauce und 1 EL süß-scharfe Chilisauce untermischen. Die Gemüse-Nudeln mit Salz, Pfeffer und 1–2 EL Limettensaft abschmecken. Das Omelett in Streifen schneiden, unterheben.

mediterran | lässt sich vorbereiten

Couscous-Tomaten

4 große Fleischtomaten (à ca. 275 g)
3 Frühlingszwiebeln
50 g entsteinte schwarze Oliven
175 g Instant-Couscous
60 g frisch geriebener Parmesan
2 EL Crème fraîche
Salz | Pfeffer
½ TL abgeriebene Schale von 1 Bio-Zitrone
200 g Sahnejoghurt
5 Stiele Petersilie
Olivenöl für die Form

Für 4 Personen
20 Min. Vorbereitung | 20 Min. Backen
Pro Portion ca. 395 kcal, 15 g EW, 16 g F, 48 g KH

1 Den Backofen auf 200° (Umluft 180°) vorheizen. Eine Gratinform fetten. Die Tomaten waschen, abtrocknen und einen schmalen Deckel abschneiden. Das Tomateninnere mit einem Löffel herauslösen und fein würfeln. Die Frühlingszwiebeln waschen, putzen, das Weiße und Hellgrüne in feine Ringe schneiden. Oliven fein hacken.

2 Couscous mit Tomatenfleisch, Frühlingszwiebeln und Oliven mischen. Parmesan und Crème fraîche untermischen, mit Salz, Pfeffer und Zitronenschale würzen. Die Mischung in die Tomaten füllen, diese in die Form setzen, den Tomatendeckel auflegen. Im Ofen (Mitte) 20 Min. garen.

3 Inzwischen den Joghurt salzen und pfeffern. Petersilie waschen, Blätter von den Stielen zupfen, hacken und unter den Joghurt mischen. Zu den Couscous-Tomaten servieren.

kernig-nussig | fruchtig frisch

Grünkernpuffer mit Dip

300 ml Gemüsebrühe
200 g Grünkernschrot
200 g Speisequark
2 TL flüssiger Honig | 2 TL körniger Senf
1 Möhre (ca. 50 g)
Salz | Pfeffer
1 Pck. TK-italienische-Kräuter (50 g)
2 Eier | 2 EL Semmelbrösel
4 EL Rapsöl

Für 4 Personen | 30 Min. Zubereitung
Pro Portion ca. 375 kcal, 16 g EW, 21 g F, 27 g KH

1 Die Brühe aufkochen, Grünkernschrot einstreuen und bei milder Hitze 5 Min. quellen lassen. Vom Herd nehmen und abkühlen lassen. Inzwischen den Quark mit 2 EL Wasser, Honig und Senf verrühren. Die Möhre putzen, schälen und raspeln, unter den Dip rühren. Mit Salz und Pfeffer abschmecken.

2 Die gefrorenen Kräuter mit Eiern und Bröseln unter den Grünkern mischen, salzen und pfeffern. In einer beschichteten Pfanne 2 EL Öl erhitzen, die Grünkernmasse esslöffelweise in 6 Portionen hineingeben, etwas flach drücken. Puffer bei mittlerer Hitze von jeder Seite 3 Min. goldbraun braten. Auf Küchenpapier abtropfen lassen. Aus der übrigen Masse mit dem übrigen Öl nochmals 6 Puffer braten. Mit dem Möhren-Quark-Dip servieren.

TIPP FÜR EILIGE

Grünkern durch 1 Pck. Grünkernbratlinge (150 g) ersetzen, nach Packungsangabe quellen lassen und für die Bratlinge verwenden.

oben: Couscous-Tomaten | unten: Grünkernpuffer mit Dip

Süßes zum Verwöhnen

Wenig Zeit und viel Lust auf was Süßes? Kein Problem! Hier finden Sie schnelle Süßspeisen, mit denen Sie auch bei Gästen groß rauskommen. Sie müssen ja nicht verraten, wie einfach und unkompliziert Kaltschale, Grießnocken, Waffeln oder Fruchtreis zu machen sind. Für das Eis hier braucht es nur Quark, Joghurt, gefrorenes Obst und einen Pürierstab!

Schoko-Kirsch-Eis

150 g Joghurt
1 Pck. Vanille-Dessertpulver für 250 g Quark
250 g Speisequark
50 g Puderzucker
1 EL frisch gepresster Zitronensaft
etwas abgeriebene Schale von 1 Bio-Zitrone
300 g entsteinte TK-Schattenmorellen
100 g Zartbitter-Schokoladenraspel (Fertigprodukt)
8 Eiswaffeln in Tütenform

Für 8 Personen
10 Min. Zubereitung | 60 Min. Gefrieren
Pro Portion ca. 185 kcal, 6 g EW, 9 g F, 20 g KH

1 Den Joghurt in eine Schüssel geben, das Dessertpulver zufügen und mit dem Schneebesen verrühren. Quark, Puderzucker und Zitronensaft dazugeben und glatt rühren. Mit der Zitronenschale aromatisieren. Die gefrorenen Kirschen hinzufügen und alles mit dem Pürierstab pürieren, bis ein cremiges Sorbet entstanden ist.

2 Drei Viertel der Schokoladenraspel unter die Quarkmasse ziehen. Das Sorbet in eine Schüssel füllen und 60 Min. ins Gefrierfach stellen.

3 Aus der Kirsch-Quark-Masse mit einem Eisportionierer acht große Kugeln formen und in die Eiswaffeln setzen. Mit den restlichen Schokoraspeln bestreuen.

AUSTAUSCH-TIPP
Anstelle der Sauerkirschen können Sie auch anderes TK-Obst wie Himbeeren, Brombeeren, Heidelbeeren oder gemischte Waldbeeren verwenden.

sommerlich | leichte Mahlzeit

Couscous mit Früchten

1 Bio-Orange
2 EL frisch gepresster Zitronensaft
100 g brauner Zucker
250 g Instant-Couscous
300 g Beeren (z. B. Heidelbeeren, Himbeeren, Johannisbeeren)
2–3 Aprikosen (ca. 125 g)
100 g Süßkirschen
3–4 Stiele Minze
200 g Sahnejoghurt

Für 4 Personen | 25 Min. Zubereitung
Pro Portion ca. 445 kcal, 10 g EW, 4 g F, 89 g KH

1 Die Orange heiß waschen, abtrocknen, die Schale mit einem Zestenreißer abziehen und den Orangensaft auspressen. Orangensaft und -schale, Zitronensaft, Zucker und 250 ml Wasser aufkochen. Den Couscous einstreuen und zugedeckt 2–3 Min. bei milder Hitze ausquellen, dann abkühlen lassen.

2 Inzwischen die Beeren, je nach Sorte putzen, verlesen bzw. entrispen und eventuell kurz abbrausen. Die Aprikosen waschen, halbieren, entsteinen und in Spalten schneiden. Kirschen waschen und entsteinen. Die Minze abbrausen, Blätter von den Stielen abzupfen und in feine Streifen schneiden.

3 Das Obst, bis auf einige Stücke zum Garnieren, mit der Minze unter den Couscous mischen. Lauwarm oder kalt mit dem Joghurt obendrauf servieren. Nach Belieben mit etwas Minze garnieren.

fruchtig frisch

Kokos-Ananas-Milchreis

250 ml Milch
250 ml ungesüßte Kokosmilch (Dose)
1 EL Bourbon-Vanillezucker
125 g Minuten-Milchreis
2 EL Kokosraspel
½ kleine Ananas (500 g)
1 große Banane
500 g Magerquark
2 EL Zucker

Für 4 Personen | 30 Min. Zubereitung
Pro Portion ca. 490 kcal, 23 g EW, 17 g F, 60 g KH

1 Die Milch und Kokosmilch mit dem Vanillezucker aufkochen, den Milchreis einrühren und 5 Min. bei mittlerer Hitze weiterkochen, dabei ab und zu umrühren. Den Reis auf der ausgeschalteten Herdplatte zugedeckt noch 10 Min. quellen lassen.

2 Inzwischen die Kokosraspel in einer beschichteten Pfanne ohne Fett goldbraun rösten. Vom Herd nehmen und abkühlen lassen. Die Ananas putzen, schälen, das Fruchtfleisch vom Strunk und in kleine Stücke schneiden. Die Banane schälen und in Scheiben schneiden.

3 Den Quark mit dem Zucker unter den Milchreis geben. Den Quark-Kokos-Reis abwechselnd mit den Ananas- und Bananenstücken in Schalen füllen und mit den Kokosraspeln bestreuen.

TIPP
Das süße Gericht reicht als Dessert für 8 Personen.

links: Kokos-Ananas-Milchreis | rechts: Couscous mit Früchten

variabel | auch für Gäste

Vanillewaffeln mit Heidelbeerquark

Da lacht das Herz! Die knusprigen Teilchen sind zum Nachmittagskaffee oder als Dessert schnell gebacken, der fruchtige Quark macht das Vergnügen komplett.

Für die Waffeln:
40 g weiche Butter
1 Prise Salz
1 Pck. Bourbon-Vanillezucker
50 g Zucker
2 Eier
80 g Mehl
½ TL Backpulver
100 ml Buttermilch
Für den Quark:
250 g Sahnequark
3 EL Zucker
4 Blätter Minze
200 g Heidelbeeren (frisch oder TK)
Öl für das Waffeleisen
Puderzucker zum Bestäuben

Für 4 Personen | 30 Min. Zubereitung
Pro Portion ca. 450 kcal, 14 g EW, 22 g F, 49 g KH

1 Weiche Butter, Salz, Vanillezucker und Zucker mit dem Handrührgerät schaumig schlagen. Die Eier nacheinander zugeben und gut unterrühren. Mehl und Backpulver mischen, mit der Buttermilch zugeben und gut verrühren. Anschließend den Teig 10 Min. ruhen lassen.

2 Inzwischen den Quark mit dem Zucker verrühren. Die Minzeblätter hacken und untermischen. Die Heidelbeeren abbrausen, verlesen, einige beiseitelegen, die übrigen Beeren mit einer Gabel zerdrücken und unter den Quark heben.

3 Ein Waffeleisen erhitzen, mit Öl einpinseln. 3 EL Teig in das Waffeleisen geben und in 4 Min. knusprig goldbraun backen. Mit dem übrigen Teig ebenso verfahren. Den Beerenquark zu den Waffeln servieren. Mit den übrigen Heidelbeeren dekorieren. Mit Puderzucker bestäuben.

TIPP

Die gebackenen Waffeln auf einem mit Backpapier belegten Kuchengitter im heißen Ofen bei 100° (Umluft 80°) bis zum Servieren warm und knusprig halten.

VARIANTE – LEBKUCHENWAFFELN MIT KIRSCHKOMPOTT

Für 4 Personen 50 g weiche Butter, 40 g Zucker, 1 Prise Salz und 2 TL Lebkuchen-Gewürzmischung dickcremig schlagen. 2 Eier nacheinander unterrühren. 40 g Mehl, 1 gehäufter EL Speisestärke und ½ TL Backpulver mischen, mit 100 ml Milch unter die Eiermasse rühren. Den Teig 10 Min. ruhen lassen, dann wie im Rezept beschrieben 4 Waffeln backen. Für das Kompott 400 g entsteinte TK-Sauerkirschen antauen lassen, in eine Schüssel geben. Je 125 ml Kirschsaft und Wasser mit 4 EL Zucker, ½ Zimtstange und 1 EL Speisestärke verrühren, aufkochen und bei milder Hitze 2 Min. kochen lassen. Sofort über die angetauten Kirschen gießen, gut vermischen, 5 Min. abkühlen lassen. Das Kompott zu den Waffeln servieren.

erfrischend

Aprikosenkaltschale

1 Pck. Fertigmischung für Grießbrei (für 500 ml Milch)
250 ml Milch
200 g TK-Brombeeren
3 Dosen ungesüßte Aprikosen (à 240 g Abtropfgewicht)
2 EL frisch gepresster Zitronensaft
80 g brauner Zucker
¼ TL Zimtpulver
1 EL gehackte Pistazien

Für 4 Personen | 20 Min. Zubereitung
Pro Portion ca. 295 kcal, 5 g EW, 4 g Fett, 59 g KH

1 Die Grießbreimischung mit 250 ml Milch statt mit 500 ml zubereiten. Etwas abkühlen lassen. Brombeeren auftauen lassen.

2 Inzwischen die Aprikosen mit dem Saft (ca. 400 ml) in eine große Schüssel geben. Zitronensaft und braunen Zucker zufügen und alles mit dem Pürierstab glatt pürieren. Mit Zimt abschmecken. Die Suppe bis zum Servieren kalt stellen.

3 Die Suppe auf vier tiefe Teller verteilen. Von der Grießmasse mit einem angefeuchteten Löffel Nocken abstechen und in die Suppe geben. Die Brombeeren darauf verteilen. Mit den Pistazien bestreuen.

AUSTAUSCH-TIPP

Ebenso gut können Sie die Suppe mit Schattenmorellen aus dem Glas variieren und die Brombeeren weglassen.

originell

Grieß-Spaghetti

250 g Erdbeeren
2 EL frisch gepresster Orangensaft
2 EL Erdbeerkonfitüre
375 ml Milch
125 g Sahne
2 EL Zucker
1 Pck. Bourbon-Vanillezucker
100 g Hartweizengrieß
30 g weiße Schokolade

Für 4 Personen | 25 Min. Zubereitung
Pro Portion ca. 365 kcal, 8 g EW, 16 g F, 47 g KH

1 Die Erdbeeren waschen, putzen und grob zerschneiden. Orangensaft und Konfitüre zugeben und alles mit dem Pürierstab glatt pürieren. Das Püree kalt stellen.

2 Milch und Sahne mit dem Zucker und Vanillezucker in einem Topf aufkochen. Den Grieß einrieseln lassen und unter Rühren bei mittlerer Hitze 1 Min. kochen lassen. Vom Herd nehmen und etwas abkühlen lassen.

3 Den Grießbrei portionsweise durch eine kalt ausgespülte Kartoffelpresse auf vier Dessertteller drücken. Das Erdbeerpüree darauf verteilen und die weiße Schokolade darüberraspeln.

TIPP – FÜR PARTY ODER KINDERFEST

Diese Nachspeise finden große und kleine Pastafans garantiert ganz cool. Für eine Party können die Mengen ganz leicht erhöht werden. Den Grießbrei und das Erdbeerpüree vorbereiten und bis zum Fertigstellen kalt stellen.

oben: Aprikosenkaltschale | unten: Grieß-Spaghetti

lässt sich vorbereiten | für Gäste

Pfirsich-Schichtspeise

In Italien könnte sie nicht besser schmecken: Diese Mascarponecreme, mit Zitronen gewürzt, wird mit Mandelkeksen und Sommerfrüchten geschichtet.

150 g Cantuccini (ital. Mandelkekse)
4 EL Amaretto (ersatzweise Amarettosirup oder Orangensaft)
3 reife Pfirsiche (ca. 400 g; ersatzweise aus der Dose)
125 g Heidelbeeren (frisch oder aufgetaute TK-Beeren)
1 Bio-Zitrone
250 g Magerquark
250 g Mascarpone
2 Pck. Vanillezucker
2 EL Zucker

Für 4–6 Personen | 20 Min. Zubereitung
Bei 6 Personen pro Portion ca. 430 kcal, 11 g EW, 26 g F, 35 g KH

1 Cantuccini in einen Gefrierbeutel geben und mit einem Nudelholz grob zerkleinern. Mit dem Amaretto beträufeln. Pfirsiche waschen, halbieren, entsteinen und die Hälften in dünne Spalten schneiden. Heidelbeeren abbrausen und abtropfen lassen.

2 Die Zitrone heiß waschen, abtrocknen, die Schale fein abreiben und 3 EL Zitronensaft auspressen. Zitronenschale und -saft mit Quark, Mascarpone, Vanillezucker und Zucker mit den Schneebesen des Handrührgeräts cremig rühren.

3 Einige Cantuccinibrösel, Pfirsichspalten und Heidelbeeren beiseitelegen. Abwechselnd Cantuccini, Pfirsichspalten, Heidelbeeren und Quarkcreme in eine Schüssel schichten. Die oberste Schicht sollte aus Quarkcreme bestehen, mit übrigen Pfirsichspalten und Heidelbeeren belegen. Mit den übrigen Bröseln bestreuen.

VARIANTE – SCHOKO-APFELMUS-TRIFLE

Für 4 Personen 100 g Schokoladenkuchen (Fertigprodukt) grob zerkrümeln. Die Hälfte von 400 g Bio-Apfelmus (Glas) auf 4 Dessertgläser verteilen, darauf die Hälfte der Kuchenkrümel geben. 500 g Sahnequark, 2 Pck. Bourbon-Vanillezucker und 2 EL Milch glatt rühren. Krümel mit der Hälfte vom Quark bedecken. Die Schichtung wiederholen. 1 kleinen Apfel waschen, vierteln, schälen, entkernen und in dünne Spalten schneiden. Das Trifle damit garnieren. 40 g Zartbitterschokolade hacken und darüberstreuen.

VARIANTE – MANGO-MOHN-CREME IM GLAS

Für 4 Personen 1 reife Mango schälen, das Fruchtfleisch erst vom Stein, dann in kleine Würfel schneiden. Mango in einem Topf mit 1 Pck. Bourbon-Vanillezucker, 2 EL Limettensaft und 2 EL Wasser aufkochen. 1–2 Min. bei milder Hitze kochen lassen, beiseitestellen. 300 g Doppelrahm-Frischkäse mit 2 EL Puderzucker, 2 EL Limettensaft und 150 g Mohn-Marzipan-Joghurt glatt rühren. Das Mangokompott in 4 Gläser füllen, die Frischkäsemasse darauf verteilen. 50 g Amarettini-Kekse grob zerbröseln, über die Creme streuen.

erfrischend

Obstsalat mit Sabayon

2 vollreife Feigen
1 Kiwi
je 100 g kernlose blaue und grüne Weintrauben
100 g Erdbeeren
1 Birne
6 EL frisch gepresster Limettensaft
2 Eigelbe | 1 EL Zucker
abgeriebene Schale von 1 Bio-Limette
1 EL gehackte Mandeln

Für 4 Personen | 25 Min. Zubereitung
Pro Portion ca. 135 kcal, 3 g EW, 5 g F, 19 g KH

1 Die Feigen waschen und längs vierteln. Die Kiwi schälen, längs vierteln und quer in Scheiben schneiden. Die Trauben waschen, von den Stielen zupfen und halbieren. Die Erdbeeren kurz abbrausen, putzen und halbieren. Die Birne vierteln, entkernen, schälen und in feine Spalten schneiden. Die Früchte auf vier Tellern dekorativ anrichten, mit 2 EL Limettensaft beträufeln.

2 Die Eigelbe mit dem Zucker, 2 EL warmem Wasser und dem übrigen Limettensaft sowie der abgeriebenen Limettenschale im Schlagkessel verrühren und im heißen, nicht kochenden Wasserbad aufschlagen, bis die Masse dickcremig ist. Aus dem Wasserbad nehmen, neben dem Herd noch 1–2 Min. weiterschlagen und lauwarm über die Früchte verteilen. Mit den Mandeln bestreuen.

AUSTAUSCH-TIPP

Eine klassische italienische Zabaione wird mit 4 EL Marsala oder weißem Portwein zubereitet.

gelingt leicht | aus dem Ofen

Beeren-Joghurt-brûlé

je 250 g Himbeeren und Heidelbeeren
½ Bio-Orange
300 g Sahnejoghurt
2 EL Puderzucker
8 TL brauner Zucker

Für 4 Personen | 20 Min. Zubereitung
Pro Portion ca. 205 kcal, 3 g EW, 6 g F, 33 g KH

1 Die Beeren abbrausen, verlesen und auf vier Ramequinförmchen oder andere flache ofenfeste Portionsförmchen verteilen.

2 Die Orangenhälfte heiß waschen, abtrocknen und die Schale fein abreiben. Orangenschale und 2 TL Orangensaft mit Joghurt und Puderzucker verrühren, über die Beeren geben. Mit je 2 TL braunem Zucker bestreuen.

3 Den Backofengrill auf höchster Stufe vorheizen. Den Beeren-Joghurt im Abstand von 10 cm von den Grillstäben 2–3 Min. übergrillen, bis der Zucker karamellisiert ist. Joghurt-brûlé herausnehmen, 5 Min. abkühlen lassen und dann servieren.

AUSTAUSCH-TIPP

Statt mit Beeren die Creme mit Aprikosen zubereiten: Die Früchte halbieren, entsteinen und in feine Spalten schneiden. Die Joghurtcreme mit dem Mark von 1 Vanilleschote statt mit Orangenschale und -saft aromatisieren.

oben: Obstsalat mit Sabayon | unten: Beeren-Joghurt-brûlé

Zum Gebrauch
Damit Sie Rezepte mit bestimmten Zutaten noch schneller finden können, stehen in diesem Register zusätzlich auch beliebte Zutaten wie **Käse** und **Reis** – ebenfalls alphabetisch geordnet und **hervorgehoben** – über den entsprechenden Rezepten.

A

B

C

D/E

F

G

H

K

Unsere Garantie

Alle Informationen in diesem Ratgeber sind sorgfältig und gewissenhaft geprüft. Sollte dennoch einmal ein Fehler enthalten sein, schicken Sie uns das Buch mit dem entsprechenden Hinweis an unseren Leserservice zurück. Wir tauschen Ihnen den GU-Ratgeber gegen einen anderen zum gleichen oder ähnlichen Thema um.

Liebe Leserin und lieber Leser,

wir freuen uns, dass Sie sich für ein GU-Buch entschieden haben. Mit Ihrem Kauf setzen Sie auf die Qualität, Kompetenz und Aktualität unserer Ratgeber. Dafür sagen wir Danke! Wir wollen als führender Ratgeberverlag noch besser werden. Daher ist uns Ihre Meinung wichtig. Bitte senden Sie uns Ihre Anregungen, Ihre Kritik oder Ihr Lob zu unseren Büchern. Haben Sie Fragen oder benötigen Sie weiteren Rat zum Thema? Wir freuen uns auf Ihre Nachricht!

Wir sind für Sie da!
Montag – Donnerstag: 8.00 – 18.00 Uhr;
Freitag: 8.00 – 16.00 Uhr
Tel.: 0180 - 5 00 50 54*
Fax: 0180 - 5 01 20 54*
E-Mail:
leserservice@graefe-und-unzer.de

*(0,14 €/Min. aus dem dt. Festnetz/ Mobilfunkpreise maximal 0,42 €/Min.)

P.S.: Wollen Sie noch mehr Aktuelles von GU wissen, dann abonnieren Sie doch unseren kostenlosen GU-Online-Newsletter und/oder unsere kostenlosen Kundenmagazine.

GRÄFE UND UNZER VERLAG
Leserservice
Postfach 86 03 13
81630 München

Projektleitung: Tanja Dusy
Lektorat: Dr. Stephanie Kloster
Korrektorat: Mischa Gallé
Layout, Typografie und Umschlaggestaltung: independent Medien-Design, Horst Moser, München
Satz: Liebl Satz+Grafik, Emmering
Herstellung: Christine Mahnecke
Reproduktion: Repro Ludwig, Zell am See
Druck: Firmengruppe APPL, aprinta druck, Wemding
Bindung: Firmengruppe APPL, sellier druck, Freising
Syndication: www.jalag-syndication.de

ISBN 978-3-8338-1884-4

4. Auflage 2012

GRÄFE UND UNZER

Ein Unternehmen der
GANSKE VERLAGSGRUPPE

Die Autorin

Martina Kittler ist Diplom-Oecotrophologin und hat ihre Leidenschaft für das Kochen zum Beruf gemacht. Als Food-Journalistin und -autorin versteht sie es, Genuss und gesunde Ernährung in leckere familien- und alltagstaugliche Rezepte umzusetzen. Schnelle vegetarische Gerichte? Isst sie am liebsten mehrmals wöchentlich.

Der Fotograf

Jörn Rynio zählt zu seinen Auftraggebern internationale Zeitschriften, namhafte Buchverlage und Werbeagenturen. Mit klarem Stil, einer großen Portion Kreativität und appetitanregendem Styling setzt der Hamburger Fotograf Food-Spezialitäten aus aller Welt stimmungsvoll in Szene. Tatkräftig unterstützt wird er dabei von seinen Stylistinnen Petra Speckmann (Food) und Michaela Suchy (Requisite).

Bildnachweis

Titelfoto: Martina Görlach, München; alle anderen Fotos: Jörn Rynio, Hamburg

Titelbildrezept

Gemüsepfanne mit Schafskäse von Seite 22

Die Temperaturangaben bei Gasherden variieren von Hersteller zu Hersteller. Welche Stufe Ihres Herdes der jeweils angegebenen Temperatur entspricht, entnehmen Sie bitte der Gebrauchsanweisung. Bei Elektroherden können die Backzeiten je nach Herd variieren.